Mi Primera Recc

Ponga mi retrato aquí.

Shirley Romero

(nombre)

_____

(fecha)

en

_____

(nombre de la iglesia)

705-586-5795

Celebrar
nuestra fe

La Reconciliación

Consultora principal del programa
Dra. Jane Marie Osterholt, SP

BROWN-ROA
A Division of Harcourt Brace & Company

Nihil obstat

Revdo. Richard L. Schaefer

Imprimátur

✠ Rvdo. Mayor Jerome Hanus OSB
Arzobispo de Dubuque
1° de agosto de 1998
Fiesta de San Alfonso Liguori
Patrono de los confesores

El comité ad hoc encargado de vigilar el uso del Catecismo, National Conference of Catholic Bishops, determinó que esta serie catequista sigue el *Catecismo de la Iglesia Católica*.

La nihil obstat y el imprimátur son declaraciones oficiales de que un libro o folleto no tiene error doctrinal o moral. Lo presente no implica que aquéllos a quienes se les otorgó la nihil obstat y el imprimátur están de acuerdo con el contenido, las opiniones o las declaraciones expresados.

BROWN-ROA
A Division of Harcourt Brace & Company

Nuestra misión

La misión principal de BROWN-ROA es proveer a los mercados católicos los recursos catequistas impresos y audiovisuales de mayor calidad. El contenido de estos recursos reflejan los detalles más importantes de la investigación actual teológica, metodológica y pedagógica. Estos recursos son prácticos y fáciles de usar. Están diseñados para satisfacer necesidades de mercado específicas y están escritos para reflejar las enseñanzas de la Iglesia Católica.

Photography Credits
Cover: Stained-glass windows at Zimmerman Chapel, United Theological Seminary, Dayton, Ohio. Photography by Andy Snow Photographics.
Gene Plaisted/The Crosiers: 11, 18, 63(c); **Digital Imaging Group:** 10(bl), 14, 15, 19, 23, 26, 34, 35, 38, 38, 42, 51, 51, 59, 62(c), 63(bl), 63(tl), 64(bl), 64(c); **FPG International:** Bill Losh: 30; Telegraph Colour Library: 6; **Jack Holtel:** 27; **PhotoEdit:** Tony Freeman: 22; David Young-Wolff: 46; **Andy Snow Photographics:** 10(c), 39, 43, 47, 50, 61, 62, 64(tl); **Tony Stone Images:** Stewart Cohen: 31; Peter Poulides: 7. Special thanks to the parish communities at St. Charles Borromeo, Kettering; St. Paul's, Oakwood; and Holy Angels, Dayton, for cooperation with photography.

Illustration Credits
Biblical Art: Chris Vallo/The Mazer Corporation: 8–9, 16–17, 24–25, 32–33, 40–41, 48–49; Children's art: 12–13, 20–21, 28–29, 44–45, 52–53 (prepared by Chelsea Arney, Lisol Arney, Kaley Bartosik, Hannah Berry, Noah Berry, Morgan Brickley, Brittany King, Cecily King, Jackie Malone, Katie Malone, Bob Ninneman, Claudia Ninneman, Erica Ninneman, Laura Grace Ninneman, Brittany Smith, Lauren Vallo, Ryan Vallo, and the art classes of Holy Angels School, Dayton)

Printed in the United States of America

ISBN 0-15-950462-7

10   9   8

La Reconciliación

Mi Primera Reconciliación

Celebraré
el sacramento de la Reconciliación
por primera vez
el

_____
(fecha)

en

_____
(nombre de la iglesia)

Le pido a mi familia, mis padrinos,
mi maestro, mis compañeros de clase, mis amigos
y toda la comunidad parroquial
que me ayuden a prepararme para esta celebración.

_____
(firma)

Éstas son las firmas de las personas que me ayudan
a prepararme para mi Primera Reconciliación.

Una bendición de iniciación

"¡El Señor es misericordioso! Es bondadoso y paciente,
y su amor no falla nunca."

—Salmos 103, 8

Líder: Hoy nos reunimos para comenzar el viaje hacia
la Primera Reconciliación.
Estamos dispuestos a aprender unos de otros
y de la comunidad de nuestra Iglesia.
Y así oramos:
Padre nuestro, muéstranos tu misericordia y tu amor.
Jesús, Hijo de Dios, líbranos del poder del pecado.
Espíritu Santo, ayúdanos a madurar en el amor,
la justicia y la paz.

Lector: Escuchen el mensaje que nos dio Dios:
(Lean Efesios 2, 4–10.)
Palabra de Dios.

Todos: **Te alabamos, Señor.**

Líder: Pedimos la bendición de Dios en este viaje.

Todos: **Santísima Trinidad, vive en nuestros corazones.**
Enséñanos a amar y a perdonar.
Ayúdanos a volver hacia Ti con verdadero arrepentimiento
por nuestros
pecados, y a tener fe en tu misericordia eterna.
Oramos con las palabras que nos enseñó Jesús.
(Recen el Padrenuestro.)

Líder: Que Dios esté con nosotros, ahora y siempre.

Todos: **¡Amén!**

Chapter 1
We Belong

Dear God—Father, Son, and Holy Spirit—you have called us to be Christian. Help us always remain close to you. Amen!

Where do you belong?
The people you share important times with and feel at home with are your **community**. Everyone needs to be part of a community. You weren't made to live alone in the world.

Pertenecemos

Amado Dios —Padre, Hijo y Espíritu Santo— nos has llamado para ser cristianos. Ayúdanos a permanecer siempre cerca de ti. ¡Amén!

¿A qué perteneces?
Cuando compartes con las personas momentos importantes y te sientes como en tu casa, ellos son tu **comunidad**. Todos necesitamos ser parte de una comunidad porque no fuimos creados para vivir solos en el mundo.

Tu familia es una comunidad al igual que tu grupo de amigos. También perteneces a otra comunidad importante. Perteneces a la Iglesia **Católica**.

Tu comunidad católica se reúne para alabar a Dios en la misa. Celebran juntos los **sacramentos**. Aprendes sobre Dios con otros niños católicos.

Quizás no lo sepas, pero tu comunidad católica es mucho más grande que las personas que ves en la iglesia los domingos. La Iglesia es una familia tan grande como el mundo entero.

Your family is a community. So is your group of friends. You belong to another important community, too. You belong to the **Catholic** Church.

Your Catholic community comes together to worship God at Mass. You celebrate the **sacraments** together. With other Catholic children you learn about God.

You may not know it, but your Catholic community is much bigger than the people you see at church on Sunday. The Church is a family as big as the whole world.

Somos invitados : 7

We Are God's Children

Saint Paul traveled to Greece to tell people about Jesus. In the city of Athens, Paul stood up in the marketplace.

"People of Athens!" Paul said. "I see that you worship many gods. Well, today I am going to tell you about the one true God so that you can come to know him."

Somos los hijos de Dios

San Pablo viajó a Grecia para contarles a las personas sobre Jesús. En la ciudad de Atenas, Pablo se paró en el mercado.

¡Pueblo de Atenas! —dijo Pablo—. Veo que adoran a muchos dioses. Bueno, hoy les contaré sobre el único Dios verdadero para que puedan conocerlo.

8 : Recordamos

Pablo señaló el cielo azul. —Dios creó todas estas cosas. Creó el cielo, la luna y las estrellas. Le da vida y aliento a todas las personas.

Las personas comenzaron a escuchar cuidadosamente. Querían saber más.

—Dios nos creó para ser una familia —continuó Pablo—. Somos los hijos de Dios y Él quiere que nos volvamos a Él con amor.

—¿Cómo sabes estas cosas? —preguntó alguien.

Pablo sonrió. —Dios, el Padre nos envió a Jesús, su hijo para decirnos todo —dijo él—. Hasta ahora, muchas personas no sabían cuánto los amaba Dios así que se alejaron de Él y pecaron. Pero ahora, todos saben lo poderoso que es el amor de Dios. Dios, el Padre hasta resucitó a Jesús de la muerte.

Algunas personas se rieron de Pablo pero otras le creyeron. Luego, se volvieron a Dios y se convirtieron en seguidores de Jesús.

—basado en los Hechos de los apóstoles
17, 16–34

Recordamos : 9

Paul pointed to the blue sky. "God made all things. He made the sun and the moon and the stars. He gives life and breath to every person."

People began to listen closely. They wanted to know more.

"God made us all to be one family," Paul continued. "We are God's children, and he wants each of us to turn to him with love."

"How do you know these things?" someone asked.

Paul smiled. "God the Father sent his own Son, Jesus, to tell us all," he said. "Until now many people didn't know how much God loved them, so they turned away from him and sinned. But now everyone knows how strong God's love is. God the Father even raised Jesus from death!"

Some people laughed at Paul. But others believed him. They turned to God and became followers of Jesus.

—based on Acts 17:16–34

Sacraments of Initiation

Like the people who listened to Saint Paul, we became members of the Church by being baptized. In the Sacrament of **Baptism**, we become part of the Body of Christ.

But there is more to becoming a member of the Catholic community than being baptized. Baptism is the first of three Sacraments of Initiation. The word **initiation** means "becoming a member."

Sacramentos de iniciación

Al igual que la gente que escuchó a San Pablo, nosotros nos convertimos en miembros de la Iglesia al ser bautizados. En el sacramento del **Bautismo** nos convertimos en parte del Cuerpo de Cristo.

Pero convertirnos en miembros de la comunidad católica es más que ser bautizados. El Bautismo es el primero de los tres sacramentos de iniciación. La palabra **iniciación** significa "convertirse en miembro".

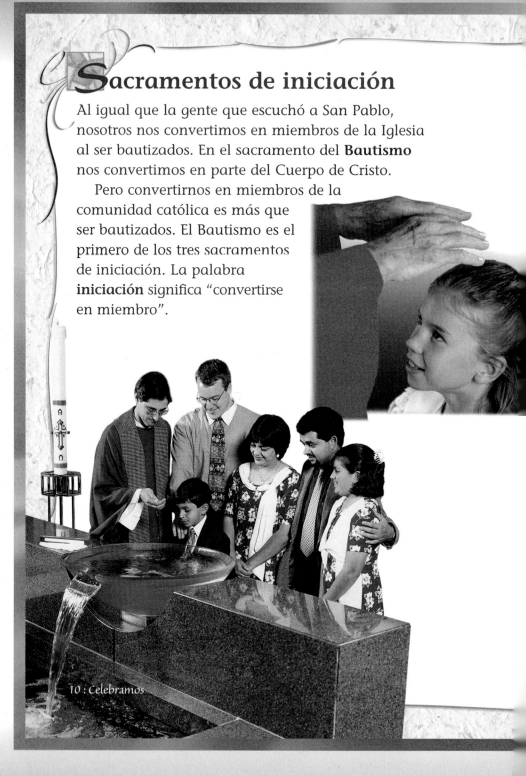

10 : Celebramos

La **Confirmación** es el segundo sacramento de iniciación. En la Confirmación recibimos al Espíritu Santo de una manera especial. Nos unimos aún más a la comunidad eclesiástica.

El tercer sacramento de iniciación es la **Eucaristía**. Por supuesto, celebramos la Eucaristía cada domingo al participar en la misa. Pero cuando recibimos a Jesús en la sagrada Comunión por primera vez, completamos nuestra iniciación. La Primera Comunión nos hace, con pleno derecho, miembros de la Iglesia porque nos une con Jesús y con los demás, totalmente.

Preguntamos

¿Por qué no siempre se celebran los sacramentos de iniciación al mismo tiempo?

A los primeros cristianos los bautizaban, confirmaban y recibían la eucaristía al mismo tiempo. Lo mismo le sucede hoy en día a muchos adultos y a niños en edad escolar y a infantes en los ritos de la Iglesia oriental. En el rito latino, los católicos bautizados siendo infantes por lo general reciben la Primera Comunión a la edad de siete años y pueden celebrar la Confirmación después.
(Catecismo, #1229–1233)

Celebramos : 11

Confirmation is the second Sacrament of Initiation. In Confirmation we receive the Holy Spirit in a special way. We are joined even more closely to the Church community.

The third Sacrament of Initiation is the **Eucharist**. Of course, we celebrate the Eucharist every Sunday by taking part in the Mass. But when we receive Jesus in Holy Communion for the first time, we complete our initiation. First Communion makes us fully members of the Church because it joins us completely with Jesus and with one another.

We Ask

Why aren't the three Sacraments of Initiation always celebrated at the same time?

Early Christians were baptized, confirmed, and received into Eucharistic communion all at once. The same is true today for many adults and children of school age and for infants in the Eastern Rites of the Church. In the Latin Rite, Catholics baptized as infants usually receive First Communion around the age of seven and may celebrate Confirmation at that time or some time later.
(Catechism, #1229–1233)

I Am a Catholic

Fill in the blanks to finish the baptismal certificate. In the space, draw or glue a picture of your Baptism.

I was baptized on

_____

at _____ Church.

My godparents are

_____

and

_____ .

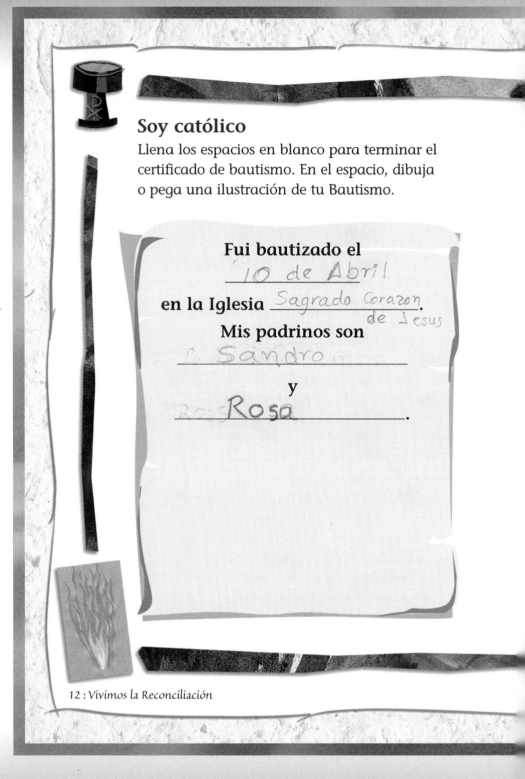

Soy católico

Llena los espacios en blanco para terminar el certificado de bautismo. En el espacio, dibuja o pega una ilustración de tu Bautismo.

Fui bautizado el

10 de Abril

en la Iglesia Sagrado Corazon de Jesus

Mis padrinos son

Sandro

y

Rosa .

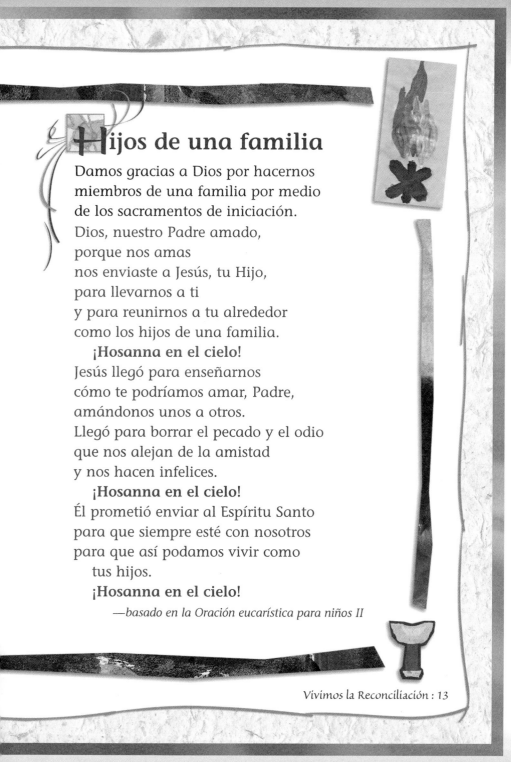

Hijos de una familia

Damos gracias a Dios por hacernos
miembros de una familia por medio
de los sacramentos de iniciación.

Dios, nuestro Padre amado,
porque nos amas
nos enviaste a Jesús, tu Hijo,
para llevarnos a ti
y para reunirnos a tu alrededor
como los hijos de una familia.
  ¡Hosanna en el cielo!
Jesús llegó para enseñarnos
cómo te podríamos amar, Padre,
amándonos unos a otros.
Llegó para borrar el pecado y el odio
que nos alejan de la amistad
y nos hacen infelices.
  ¡Hosanna en el cielo!
Él prometió enviar al Espíritu Santo
para que siempre esté con nosotros
para que así podamos vivir como
    tus hijos.
  ¡Hosanna en el cielo!

—basado en la Oración eucarística para niños II

Vivimos la Reconciliación : 13

Children of One Family

We thank God for making
us members of one family
through the Sacraments
of Initiation.

God, our loving Father,
because you love us,
you sent Jesus, your Son,
to bring us to you
and to gather us around
    him
as the children of one
    family.
  Hosanna in the highest!
Jesus came to show us
how we could love you,
    Father,
by loving one another.
He came to take away sin
    and hate,
which keeps us from being
    friends,
and which makes us all
    unhappy.
  Hosanna in the highest!
He promised to send the
    Holy Spirit,
to be with us always
so that we can live as your
    children.
  Hosanna in the highest!

—based on Eucharistic Prayer II for Children

Chapter 2
We Celebrate God's Love

Dear God—Father, Son, and Holy Spirit—you are always ready to welcome us back. Help us turn to you with love and faithfulness. Amen!

Even in the most loving families, people do not always act lovingly. Even best friends sometimes hurt each other.

You know what it is like to do something wrong or hurt someone else. And you know what it is like to feel sorry and want to make up.

What if you never got a second chance?

Celebramos el amor de Dios

Amado Dios —Padre, Hijo y Espíritu Santo— siempre estás listo para recibirnos de nuevo. Ayúdanos a regresar a ti con amor y fidelidad. ¡Amén!

Las personas no siempre actúan afectuosamente aún en las familias más amorosas. Algunas veces, hasta los mejores amigos, se hieren entre sí.

Sabes lo que es hacer algo malo o herir a alguien y sabes lo que es sentirse arrepentido y querer conciliarse.

¿Qué sucedería si nunca te dieran otra oportunidad?

Casi siempre los familiares y amigos se perdonan unos a otros y eso es algo bueno. Ellos se **reconcilian** o vuelven a reunirse en paz.

Cuando nosotros **pecamos** hacemos cosas que hieren nuestra relación con Dios y con los demás. Necesitamos una forma de decir que lo sentimos y que queremos mejorar. Necesitamos pedir perdón. Queremos una segunda oportunidad.

Dios siempre nos ama y siempre nos ofrece perdón. Aceptamos el perdón de Dios, cuando nos arrepentimos de nuestros pecados. Celebramos la misericordia de Dios en el sacramento de **Reconciliación**.

It's a good thing that family members and friends almost always forgive one another. They **reconcile**, or come back together in peace.

When we **sin**, we do things that hurt our relationship with God and with others. We need a way to say we are sorry and that we want to do better. We need to ask forgiveness. We want a second chance.

God always loves us. God always offers us forgiveness. We accept God's forgiveness when we are sorry for our sins. We celebrate God's mercy in the Sacrament of **Reconciliation**.

The Forgiving Father

Jesus told this story to explain the happiness that forgiveness brings.

A man had two sons. The younger son went to his father and said, "Someday everything you have will belong to my brother and me. I want my share now." So the father gave the younger son a lot of money.

The son moved to a faraway city. He spent all his money partying. Soon the son was poor, hungry, and homeless.

The only job the son could get was taking care of a farmer's pigs. He slept in the smelly barn. "These pigs have better food than I do," the son thought. "I should go home. Maybe if I tell my father how sorry I am, he'll let me work as one of his servants."

El Padre que perdona

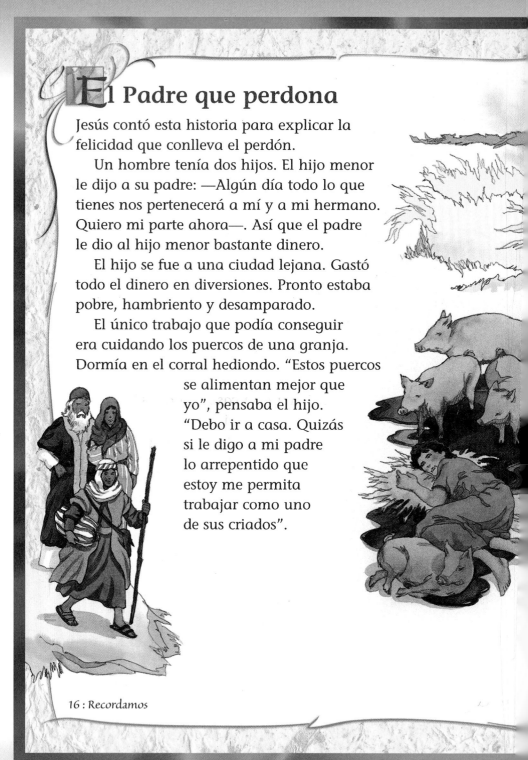

Jesús contó esta historia para explicar la felicidad que conlleva el perdón.

Un hombre tenía dos hijos. El hijo menor le dijo a su padre: —Algún día todo lo que tienes nos pertenecerá a mí y a mi hermano. Quiero mi parte ahora—. Así que el padre le dio al hijo menor bastante dinero.

El hijo se fue a una ciudad lejana. Gastó todo el dinero en diversiones. Pronto estaba pobre, hambriento y desamparado.

El único trabajo que podía conseguir era cuidando los puercos de una granja. Dormía en el corral hediondo. "Estos puercos se alimentan mejor que yo", pensaba el hijo. "Debo ir a casa. Quizás si le digo a mi padre lo arrepentido que estoy me permita trabajar como uno de sus criados".

Así que el hijo partió para su casa. Mientras estaba todavía en el camino, el hijo vio a su padre corriendo hacia él con sus brazos abiertos. El hijo se arrodilló a sus pies. —Perdóname padre —dijo él—. Soy un pecador. Te he herido a ti y a toda la familia. Lo siento.

El padre lo abrazó alegremente antes de que el hijo pudiera terminar. —¡Bienvenido a casa, mi hijo! —dijo él—. El padre le dio al hijo ropa nueva y celebró una fiesta para todo el vecindario. —Regocíjense conmigo —les dijo el padre a todos—. ¡Era como si mi hijo estaba muerto y ahora ha resucitado!

—basado en el evangelio de San Lucas 15, 11–32

Recordamos : 17

So the son set out for his home far away. While he was still on the road, the son saw his father running toward him with his arms open. The son fell to his knees. "Forgive me, Father," the son said. "I'm a sinner. I have hurt you and the whole family. I'm so sorry."

Before the son could even finish, the father hugged him joyfully. "Welcome home, my son!" he said. The father gave the son new clothes and threw a party for the whole neighborhood. "Rejoice with me," the father said to everyone. "It was like my son was dead and now he is alive again!"

—based on Luke 15:11–32

Our Second Chance

Baptism takes away **original sin** and all personal sin. But because we are human, we are tempted to do what is wrong. We have **free will**, like the son in Jesus' story. We can choose to sin. The Sacrament of Reconciliation gives us a chance to ask God's forgiveness and promise to do better.

Baptism, the first sacrament, is a once-in-a-lifetime sacrament. First Reconciliation is celebrated before First Communion. The Sacrament of Reconciliation can be celebrated at any time, again and again throughout our lives. Reconciliation is necessary in the case of serious sin. It is helpful even in the case of less serious sin.

Nuestra segunda oportunidad

El Bautismo borra el **pecado original** y todos los pecados personales. Pero debido a que somos seres humanos, estamos tentados a hacer lo que está mal. Tenemos **voluntad propia** como el hijo en la historia de Jesús. Podemos decidir pecar. El sacramento de la Reconciliación nos da una oportunidad de pedir perdón a Dios y prometer mejorar.

El Bautismo, el primer sacramento, es un sacramento de una vez en la vida. La Primera Reconciliación se celebra antes de la Primera Comunión. El sacramento de Reconciliación se puede celebrar en cualquier momento, una y otra vez durante nuestras vidas. La Reconciliación es necesaria en el caso de pecados graves. Sirve de ayuda aún en el caso de pecados menos graves.

Casi siempre celebramos la Reconciliación de dos maneras diferentes. En las celebraciones **individuales**, una persona llamada **penitente** se reúne en privado con el sacerdote. En las celebraciones **comunitarias**, se reúnen grupos de personas para orar y escuchar las lecturas de la Biblia. Luego, cada persona habla en privado con un sacerdote.

De cualquier manera que celebremos, el sacerdote no perdona nuestros pecados. Sólo Dios puede perdonar los pecados. El sacerdote actúa en el nombre de Jesús, quien nos muestra el amor clemente de Dios. Al igual que el padre en la historia de Jesús, el sacerdote nos recibe de nuevo al hogar de nuestra comunidad católica.

Preguntamos
¿Qué diferencia hay entre el pecado mortal y el venial?

Los pecados graves se llaman **mortales**, es decir, "que son fatales". Nos alejan de la gracia y la amistad de Dios. Para que un pecado se considere mortal, debe ser algo muy malo, debemos saber que es algo muy malo y tenemos que haber decidido hacerlo de todas maneras. Los pecados **veniales** son menos graves, pero aún así perjudican nuestra relación con Dios y con los demás.
(Catecismo, #1855–1857)

We almost always celebrate Reconciliation in two different ways. In **individual** celebrations a person called a **penitent** meets with a priest in private. In **communal** celebrations groups of people gather to pray and listen to readings from the Bible. Then each person speaks privately with a priest.

Whichever way we celebrate, the priest does not forgive our sins. Only God can forgive sins. The priest acts in the name of Jesus, who shows us God's forgiving love. Like the father in Jesus' story, the priest welcomes us back home to our Catholic community.

We Ask
What is the difference between mortal sin and venial sin?

Serious sin is called **mortal**, or "deadly." It cuts us off from God's grace and friendship. For sin to be mortal, it must be seriously wrong, we must know it is seriously wrong, and we must freely choose to do it anyway. **Venial** sin is less serious, but it still hurts our relationship with God and others.
(Catechism, #1855–1857)

Celebramos : 19

Welcome Home

In the heart, draw or write about how it makes you feel to be preparing for your First Reconciliation.

Bienvenido a casa

En el corazón, dibuja o escribe sobre cómo te hace sentir la preparación para tu Primera Reconciliación.

Pedimos la bendición de Dios

En el sacramento de Reconciliación, nuestro Padre indulgente nos recibe de nuevo en casa.

Que el Padre nos bendiga
porque nos ha adoptado como sus hijos.
¡Amén!
Que el Hijo venga a ayudarnos
porque nos ha recibido como hermanos
y hermanas.
¡Amén!
Que el Espíritu esté con nosotros
porque ha hecho de nosotros su casa.
¡Amén!

—basado en el Rito de penitencia

We Ask God's Blessing

In the Sacrament of Reconciliation, we are all welcomed home by our forgiving Father.

May the Father bless us,
for he has adopted us as
his children.
Amen!
May the Son come to help
us,
for he has welcomed us as
brothers and sisters.
Amen!
May the Spirit be with us,
for he has made his home
in us.
Amen!

—based on the Rite of Penance

Chapter 3
We Hear Good News

Dear God—Father, Son, and Holy Spirit—you give us the good news of your love. Help us understand your word and live by it. Amen!

What's the best news you have ever heard?

Maybe you found out you were going to have a brother or sister. Maybe your dog had puppies, or you found out your favorite relative was coming to visit for a week.

What did you do when you heard the news? Most people want to tell someone else right away. Good news is meant to be shared.

Capítulo 3
Oímos buenas noticias

Amado Dios —Padre, Hijo y Espíritu Santo— que nos das las buenas noticias de tu amor. Ayúdanos a comprender tu palabra y a vivirla. ¡Amén!

¿Cuál es la mejor noticia que jamás hayas oído?

Quizás te enteraste que ibas a tener un hermano o una hermana. Quizás tu perra tuvo cachorros o te enteraste que tu familiar favorito iba a pasarse una semana contigo.

¿Qué hiciste cuando supiste esta noticia? La mayoría de la gente quiere compartir eso con alguien más, enseguida. Las buenas noticias hay que compartirlas.

God has good news for us. God our Father sent his Son, Jesus, to bring us the good news of his love and forgiveness. We hear this good news whenever we hear or read the words of **Scripture**, found in the Bible.

God's good news is especially important to share when we are feeling sorry for sin. Readings from the Bible are part of our celebration of the Sacrament of Reconciliation. God's good news gives us the hope and courage we need to start again.

Dios nos da buenas noticias. Dios, nuestro Padre, envió a su Hijo, Jesucristo, para que nos diera las buenas noticias de su amor y perdón. Oímos estas buenas noticias siempre que escuchamos o leemos las palabras de las **Sagradas Escrituras**, que se hallan en la Biblia.

Es muy importante compartir las buenas noticias de Dios cuando nos arrepentimos al pecar. Las lecturas de la Biblia son parte de la celebración del sacramento de la Reconciliación. Las buenas noticias de Dios nos dan la esperanza y el coraje que necesitamos para comenzar de nuevo.

Somos invitados : 23

One Lost Sheep

People sometimes asked Jesus why he spent so much time with sinners. Shouldn't he be bringing the good news of God's love to holy people? Jesus answered them with a story.

Once there was a shepherd who took care of a hundred sheep. Every night before closing the gate to the sheep pen, the shepherd counted his sheep.

One night there were only ninety-nine. The shepherd counted again. Still only ninety-nine! Where could the missing sheep be?

The shepherd called all his friends to help him look. "Why bother?" one friend asked. "It's only one lost sheep. You've got ninety-nine safe here to take care of!"

"It's the one lost sheep who needs me most," the shepherd said. Then he and his friends looked everywhere a wandering sheep might hide.

Finally, the shepherd found his one lost sheep. It was curled up under a bush, tired and frightened. The shepherd put the sheep on his shoulders.

La oveja descarriada

A veces la gente le preguntaba a Jesús por qué Él pasaba tanto tiempo con los pecadores. ¿No debería llevar las buenas noticias del amor de Dios a la gente santa? Jesús les respondió con una historia.

Había una vez un pastor que cuidaba de cien ovejas. Cada noche antes de cerrar la puerta del corral, el pastor contaba sus ovejas.

Una noche sólo contó noventa y nueve. Las contó de nuevo, pero de nuevo sólo había noventa y nueve. ¿Dónde estaría la oveja perdida?

El pastor llamó a todos sus amigos para que lo ayudaran a buscarla. —¿Por qué te preocupas? —preguntó un amigo—. Sólo has perdido una oveja. Te quedan noventa y nueve para cuidar.

—La que está perdida es la que más me necesita —contestó el pastor. Así que él y sus amigos buscaron la oveja descarriada por todas partes. Finalmente, el pastor encontró la oveja. Estaba acurrucada debajo de un arbusto, cansada y asustada. El pastor cargó la oveja en sus hombros.

He called out to his friends, "Stop searching! I've found the sheep that was lost!"

The shepherd and his friends sang as they brought the lost sheep home. They woke up all ninety-nine other sheep with their shouts of joy!

—*based on Luke 15:1–7*

Llamó a sus amigos: —¡Dejen de buscar! ¡He encontrado la oveja perdida!

El pastor y sus amigos cantaron al llevar a casa la oveja perdida. ¡Despertaron a las otras noventa y nueve ovejas con sus gritos de alegría!

—*basado en el Evangelio de San Lucas 15, 1–7*

Recordamos : 25

Words of Love and Mercy

Jesus' story about the lost sheep reminds us how much God loves us and wants to forgive us. This story, and many others, can be found in the **Gospels**, the books of the Bible that tell about Jesus' life and teachings. The word **gospel** means "good news."

Readings from the Bible are part of the celebration of every sacrament. We call this the **Celebration of the Word of God.**

We share stories from the Bible as part of the Sacrament of Reconciliation. These words of love and mercy help us see where we have sinned and how we can do better.

Palabras de amor y misericordia

La historia de Jesús sobre la oveja descarriada nos recuerda lo mucho que Dios nos quiere y desea perdonarnos. Esta historia, y muchas otras, pueden hallarse en los **Evangelios**, los libros de la Biblia que nos cuentan la vida y las enseñanzas de Jesús. La palabra **evangelio** significa "buenas noticias".

Las lecturas de la Biblia son parte de la celebración de cada sacramento. Llamamos a esto la **Celebración de la palabra de Dios.**

Compartimos historias de la Biblia como parte del sacramento de la Reconciliación. Estas palabras de amor y misericordia nos indican dónde hemos pecado y cómo podemos mejorar.

En una celebración comunitaria de la Reconciliación, comenzamos cantando un himno. Rezamos para que Dios abra nuestros corazones para que podamos pedir perdón. Luego oímos una o varias lecturas de la Biblia. El sacerdote nos ayuda a comprender lo que hemos leído.

Cuando celebramos individualmente la Reconciliación, puede que el sacerdote lea o nos pida leer algo de la Biblia cuando nos reunimos. El mensaje de la Sagrada Escritura nos inicia en la celebración del amor misericordioso de Dios.

Celebramos : 27

Preguntamos

¿Cómo podemos oír a Dios cuando habla con nosotros?

Las Sagradas Escrituras son la propia palabra de Dios. Cuando oímos o leemos la Biblia como parte del sacramento de Reconciliación, escuchamos el mensaje que Dios nos envía. En una celebración comunitaria de Reconciliación, la **homilía** del sacerdote nos ayuda a comprender las lecturas y a aplicarlas en nuestra vida. En una celebración individual, el sacerdote y el penitente pueden comentar juntos la lectura de las Sagradas Escrituras. *(Catecismo, #104, 1349)*

In a communal celebration of Reconciliation, we begin by singing a hymn. We pray that God will open our hearts so that we can ask forgiveness. Then we hear one or more readings from the Bible. The priest helps us understand what we have heard.

When we celebrate Reconciliation individually, the priest may read or have us read a few words from the Bible when we first get together. The message of Scripture starts us on our celebration of God's forgiving love.

We Ask

How can we hear God speaking to us?

Scripture is God's own word. When we hear or read the Bible as part of the Sacrament of Reconciliation, we are hearing God's message for us. In a communal celebration of Reconciliation, the priest's **homily** helps us understand the readings and apply them to our lives. In an individual celebration the priest and the penitent may discuss the Scripture reading together. *(Catechism, #104, 1349)*

Words to Live By

Your teacher will write some Bible verses on the board. Choose your favorite, and copy it onto the bookmark.

Palabras para imitar

Tu maestro escribirá algunos versos de la Biblia en el pizarrón. Elige tu favorito y escríbelo en el dibujo del libro.

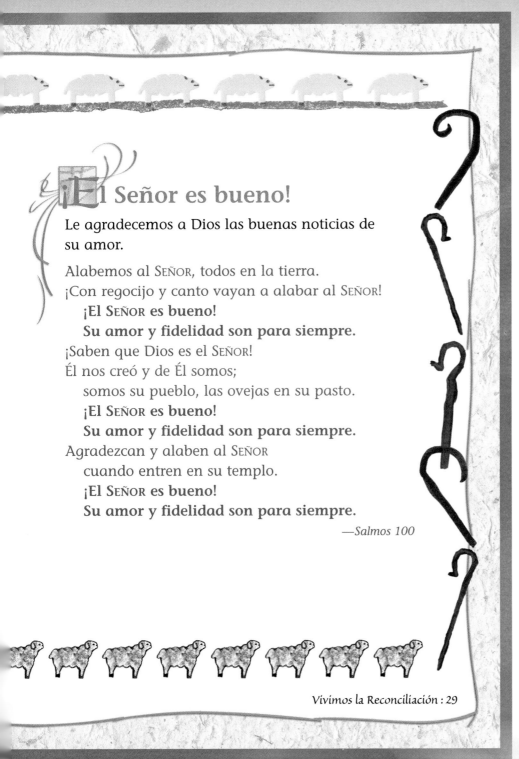

¡El Señor es bueno!

Le agradecemos a Dios las buenas noticias de su amor.

Alabemos al Señor, todos en la tierra.
¡Con regocijo y canto vayan a alabar al Señor!
¡El Señor es bueno!
Su amor y fidelidad son para siempre.
¡Saben que Dios es el Señor!
Él nos creó y de Él somos;
somos su pueblo, las ovejas en su pasto.
¡El Señor es bueno!
Su amor y fidelidad son para siempre.
Agradezcan y alaben al Señor
cuando entren en su templo.
¡El Señor es bueno!
Su amor y fidelidad son para siempre.

—*Salmos 100*

Vivimos la Reconciliación : 29

The Lord Is Good!

We thank God for the good news of his love.

Shout praises to the Lord,
everyone on this earth.
Be joyful and sing as you
come in to worship
the Lord!
The Lord is good!
His love and faithfulness
will last forever.
You know the Lord is God!
He created us, and we
belong to him;
we are his people, the
sheep in his pasture.
The Lord is good!
His love and faithfulness
will last forever.
Be thankful and praise
the Lord
as you enter his temple.
The Lord is good!
His love and faithfulness
will last forever.

—*Psalm 100*

Chapter 4
We Look at Our Lives

Dear God—Father, Son, and Holy Spirit—you call us to be happy with you forever. Help us live by our covenant of love with you. Amen!

What makes you happy? Real happiness comes from sharing love, friendship, and good times.

God made each person to be really happy forever. We are most happy when we are living the way God made us to live.

Capítulo 4
Consideramos nuestras vidas

Amado Dios —Padre, Hijo y Espíritu Santo— nos llamas para estar contigo felices por siempre. Ayúdanos a vivir nuestra alianza de amor contigo. ¡Amén!

¿Qué te hace feliz? La verdadera felicidad llega de compartir amor, amistad y tiempos buenos.

Dios hizo a cada persona para que fuera realmente feliz por siempre. Somos más felices cuando vivimos de la manera en que Dios hizo que vivamos.

Dios nos ama demasiado. Él nos dio los **mandamientos** como una señal de su amor. Los mandamientos nos muestran cómo vivir como Dios quiere que vivamos. Nos dicen cómo amar a Dios y a los demás. Los mandamientos nos muestran la manera para la verdadera felicidad.

God loves us so much. He gave us the **commandments** as a sign of his love. The commandments show us how to live as God wants us to live. They tell us how to love God and others. The commandments show us the way to real happiness.

The Great Commandment

God made a **covenant**, a lasting promise of love, with the people of Israel. God gave their leader, Moses, the commandments as a sign of the covenant. The Ten Commandments were carved on stone tablets.

But the commandments were not just laws written on stone. The people kept these words in their hearts. They honored them in their lives.

El Mandamiento Nuevo

Dios hizo una **alianza**, una promesa de amor duradera, con el pueblo de Israel. Dios le dio a su líder Moisés, los mandamientos como una señal de la alianza. Los Diez Mandamientos se tallaron en tablas de piedra.

Pero los mandamientos no eran únicamente leyes escritas en piedra. Las personas conservaban estas palabras en sus corazones. Las honraban en sus vidas.

32 : Recordamos

Un día, cuando Jesús enseñaba en un pueblo pequeño, un hombre que estudiaba los mandamientos le hizo una pregunta a Jesús.

¿Qué debo hacer para estar feliz con Dios eternamente? —preguntó él.

Jesús contestó con una pregunta. Cuando estudias la ley de Dios, preguntó Jesús, ¿qué te dice?

El estudiante sonrió. Él dijo —amar a Dios con todo tu corazón, con todo tu ser, con toda tu fuerza y con toda tu mente, y ama a tu prójimo como a ti mismo.

Jesús también sonrió. Ese es el **Mandamiento Nuevo** —dijo Él. Haz esto y vivirás con Dios eternamente.

—basado en el evangelio de San Lucas 10, 25–28

Recordamos : 33

One day when Jesus was teaching in a small town, a man who studied the commandments asked Jesus a question.

"What must I do to be happy forever with God?" he asked.

Jesus answered with a question of his own. "When you study God's law," Jesus asked, "what does it tell you?"

The student smiled. He said, "Love God with all your heart, with all your being, with all your strength, and with all your mind, and love your neighbor as you love yourself."

Jesus smiled, too. "That is the **Great Commandment**!" he said. "Do this, and you will live forever with God."

—based on Luke 10:25–28

How Do We Measure Up?

We know that we do not always live as God wants us to live. We do not always honor the commandments.

When we celebrate the Sacrament of Reconciliation, we look at our lives. We ask the Holy Spirit to help us see where we have made wrong choices.

This prayerful way of looking at our lives is called an **examination of conscience**. We measure our actions against the Ten Commandments, the Beatitudes, the life of Jesus, and the teachings of the Church.

¿Cómo nos consideramos?

Sabemos que no siempre vivimos como Dios quiere que vivamos. No siempre honramos los mandamientos.

Cuando celebramos el sacramento de la Reconciliación observamos nuestras vidas. Le pedimos al Espíritu Santo que nos ayude a ver dónde hemos hecho elecciones incorrectas.

Esta manera piadosa de observar nuestras vidas se llama un **examen de conciencia**. Medimos nuestras acciones a partir de los Diez Mandamientos, las Bienaventuranzas, la vida de Jesús y las enseñanzas de la Iglesia.

Celebramos

Nos preguntamos si realmente somos felices. Preguntamos —¿qué haría Jesús? ¿Realmente vivimos como Dios quiere? ¿Hemos fallado en demostrar el amor por Dios y los demás? ¿Hemos sido egoístas o perniciosos?

El Espíritu Santo no sólo nos ayuda a ver dónde nos hemos equivocado. El espíritu vivo de Dios también nos mostrará cómo podemos mejorar.

Preguntamos

¿Qué es la conciencia?

La **conciencia** es el don que Dios nos da. La conciencia es el juicio de nuestras mentes y nuestros corazones sobre lo malo o lo bueno de nuestras acciones. La conciencia se debe enseñar o **formar** para saber la diferencia entre el bien y el mal.
(Catecismo, #1777, 1783)

We ask ourselves if we are really happy. We ask, "What would Jesus do?" Are we really living as God wants us to live? Have we failed to show love for God and for others? Have we been selfish or hurtful?

The Holy Spirit will not just help us see where we have gone wrong. God's loving Spirit will also show us how we can do better.

We Ask

What is conscience?

Conscience is the gift God gives us. Conscience is the judgment of our minds and hearts about whether our actions are good or evil. Conscience must be taught, or **formed**, to know the difference between right and wrong.
(Catechism, #1777, 1783)

Signs of Love

Finish the prayer by writing or drawing in each space.

Dear God,
I love you. I will show my love for you by . . .

I love others, too. I will show my love for others by . . .

Señales de amor

Completa la oración escribiendo o dibujando en cada espacio.

Amado Dios:
Te amo.
Demostraré mi amor por ti...

También amo a los demás.
Demostraré mi amor por los demás...

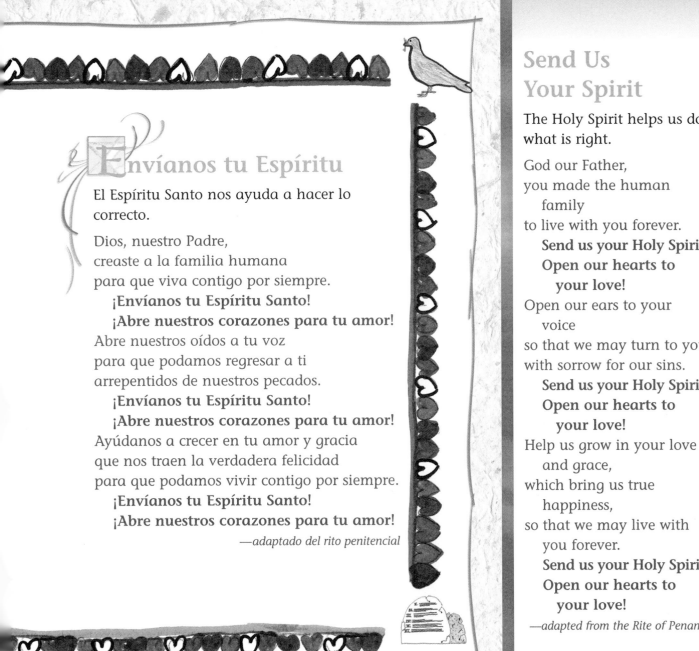

Envíanos tu Espíritu

El Espíritu Santo nos ayuda a hacer lo correcto.

Dios, nuestro Padre,
creaste a la familia humana
para que viva contigo por siempre.
   ¡Envíanos tu Espíritu Santo!
   ¡Abre nuestros corazones para tu amor!
Abre nuestros oídos a tu voz
para que podamos regresar a ti
arrepentidos de nuestros pecados.
   ¡Envíanos tu Espíritu Santo!
   ¡Abre nuestros corazones para tu amor!
Ayúdanos a crecer en tu amor y gracia
que nos traen la verdadera felicidad
para que podamos vivir contigo por siempre.
   ¡Envíanos tu Espíritu Santo!
   ¡Abre nuestros corazones para tu amor!
   —*adaptado del rito penitencial*

Vivimos la Reconciliación : 37

Send Us Your Spirit

The Holy Spirit helps us do what is right.

God our Father,
you made the human family
to live with you forever.
   Send us your Holy Spirit!
   Open our hearts to your love!
Open our ears to your voice
so that we may turn to you
with sorrow for our sins.
   Send us your Holy Spirit!
   Open our hearts to your love!
Help us grow in your love and grace,
which bring us true happiness,
so that we may live with you forever.
   Send us your Holy Spirit!
   Open our hearts to your love!
   —*adapted from the Rite of Penance*

Chapter 5
We Ask Forgiveness

Dear God—Father, Son, and Holy Spirit—you call us to make peace when we do wrong. Help us ask forgiveness and do penance. Amen!

Have you ever done something that hurt someone else?

Everyone makes mistakes. Everyone makes wrong choices at some time. When you choose to do something you know is wrong, you sin. Sin is not the same thing as making a mistake.

Capítulo 5
Pedimos perdón

Amado Dios —Padre, Hijo y Espíritu Santo— nos llamas para hacer las paces cuando cometemos errores. Ayúdanos a pedir perdón y hacer penitencia. ¡Amén!

¿Alguna vez has hecho algo que ha herido a alguien? Todos cometemos errores. Todos hemos tomado malas decisiones. Cuando decides hacer algo malo, pecas. Pecar no es lo mismo que cometer un error.

Sin hurts. It hurts you. It hurts others. Part of healing the hurt is taking **responsibility** for your actions. You admit that you did wrong. Then you do something with God's help to make things right.

The Sacrament of Reconciliation gives us a way to admit that we have done wrong. We **confess** our sins. And the sacrament gives us a way to make things right with God's help. We are given a **penance** to do. Accepting and doing our penance is a sign that we want to grow more loving.

Pecar hace daño. Te hiere a ti y a los demás. Hacerte **responsable** por tus propias acciones es el inicio para comenzar a sanar esa herida. Admites que has hecho mal. Luego, con la ayuda de Dios, haces algo por corregir el error.

El sacramento de la Reconciliación nos ofrece una manera de admitir que hemos hecho mal. **Confesamos** nuestros pecados. Y el sacramento nos da una manera de corregir los errores con la ayuda de Dios. Se nos da una **penitencia**. Aceptar y llevar a cabo la penitencia es un signo de que queremos ser más amorosos.

The Man Who Changed His Life

My name is Zacchaeus. My job is collecting taxes. I've never been very popular because no one likes to pay tax. Also, I'm short, so people sometimes make fun of me. I used to make myself feel better by cheating people. I charged too much tax and kept the extra money for myself.

Then I heard about Jesus, the great teacher. He was very popular. Everybody wanted to see him. I heard he healed people and forgave sins.

One day Jesus came to our town. The crowds were so big I couldn't see, so I climbed a tree. You can imagine how surprised I was when Jesus stopped and looked straight up at me.

"Zacchaeus!" he said, smiling. "Come down! I want to eat lunch at your house today!"

"Me?" I said. "Nobody wants to eat with me!"

"That's right," the people grumbled. "We don't eat with sinners. This man cheats and steals!"

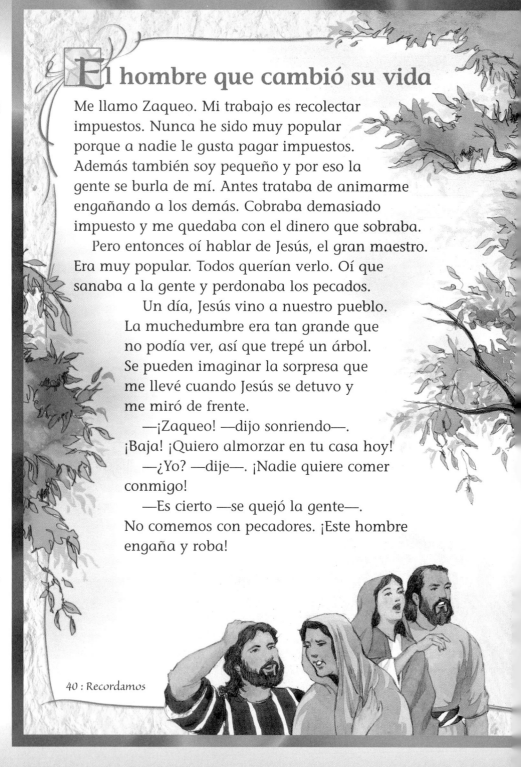

El hombre que cambió su vida

Me llamo Zaqueo. Mi trabajo es recolectar impuestos. Nunca he sido muy popular porque a nadie le gusta pagar impuestos. Además también soy pequeño y por eso la gente se burla de mí. Antes trataba de animarme engañando a los demás. Cobraba demasiado impuesto y me quedaba con el dinero que sobraba.

Pero entonces oí hablar de Jesús, el gran maestro. Era muy popular. Todos querían verlo. Oí que sanaba a la gente y perdonaba los pecados.

Un día, Jesús vino a nuestro pueblo. La muchedumbre era tan grande que no podía ver, así que trepé un árbol. Se pueden imaginar la sorpresa que me llevé cuando Jesús se detuvo y me miró de frente.

—¡Zaqueo! —dijo sonriendo—. ¡Baja! ¡Quiero almorzar en tu casa hoy!

—¿Yo? —dije—. ¡Nadie quiere comer conmigo!

—Es cierto —se quejó la gente—. No comemos con pecadores. ¡Este hombre engaña y roba!

Pero Jesús tomó su mano. Casi me caí del árbol. Guié a Jesús derecho a mi casa. Le di a Él y sus amigos un gran almuerzo. Y luego sin planearlo, me puse a llorar.

—Lo siento —le dije a Jesús—. Esa gente tenía razón. Soy un pecador. Engañé y robé. Pero quiero cambiar mi vida. De ahora en adelante, con la ayuda de Dios, no engañaré ni robaré. Y le pagaré el cuádruple a todo el que haya engañado.

Jesús me abrazó. —Hoy —dijo Jesús—, ¡El perdón de Dios ha llegado a esta casa!

—basado en el evangelio de San Lucas 19, 1–10

But Jesus just held out his hand. I nearly fell out of the tree. I led Jesus straight to my house. I fed him and his friends a big lunch. And then before I knew it, I was crying.

"I'm sorry," I told Jesus. "Those people were right. I am a sinner. I did cheat. I did steal. But I want to change my life. From this day on, with God's help, I will never cheat or steal. And I will give back four times the amount to everyone I've ever cheated."

Jesus gave me a hug. "Today," Jesus said, "God's forgiveness has come to this house!"

—based on Luke 19:1–10

Confession and Penance

Zacchaeus confessed his sins to Jesus. Then he promised to return four times the amount of money he had stolen.

In the Sacrament of Reconciliation, we do what Zacchaeus did. We confess our sins to the priest, who acts in the name of Jesus. We talk with the priest about how we can make things right.

The priest gives us a penance to do. The penance may be to spend some time praying. Or it may be an action connected to the sin, such as returning stolen property or helping repair something broken.

La confesión y la penitencia

Zaqueo le confesó sus pecados a Jesús. Luego prometió regresar cuatro veces la cantidad de dinero que había robado.

En el sacramento de la Reconciliación hacemos lo que hizo Zaqueo. Confesamos nuestros pecados al sacerdote, quien actúa en nombre de Jesús. Hablamos con el sacerdote de cómo corregir los errores.

El sacerdote nos da una penitencia. Ésta puede consistir en rezar. O puede ser hacer algo que tenga que ver con el pecado, como regresar lo que se ha robado o ayudar a reparar algo que se haya roto.

Hacer penitencia nos ayuda a tomar responsabilidad por nuestras acciones. Nos recuerda que debemos pensar dos veces en cómo nuestras decisiones afectarán a otros. La penitencia no es un castigo. Es una manera de aprender y ser más amorosos. La penitencia es tan importante que la celebración del sacramento de la Reconciliación se llama el **rito penitencial**.

Bien sea que celebremos la Reconciliación individual o comunalmente, la confesión y la penitencia casi siempre suceden en forma privada entre el penitente y el sacerdote.

Preguntamos

¿Por qué confesamos nuestros pecados a un sacerdote?

Confesar nuestros pecados en voz alta nos ayuda a tomar responsabilidad por nuestras acciones. Sólo Dios perdona los pecados, pero el sacerdote actúa como ministro de Dios escuchando nuestra confesión, dando la penitencia y animándonos a no pecar en el futuro. El sacerdote nunca podrá decirle a nadie lo que oiga en la confesión. *(Catecismo, #1455–1456, 1457)*

Doing penance helps us take responsibility for our actions. It reminds us to think twice about how our choices might hurt others. Penance is not punishment. It is a way to learn and grow more loving. Penance is so important that our celebration of the Sacrament of Reconciliation is called the **Rite of Penance**.

Whether we celebrate Reconciliation individually or communally, confession and the giving of a penance almost always take place privately between the penitent and the priest.

We Ask

Why do we confess our sins to a priest?

Confessing our sins aloud helps us take responsibility for our actions. Only God forgives sin, but the priest acts as God's minister by listening to our confession, giving us a penance, and encouraging us to avoid sin in the future. The priest may never tell anyone what he hears in confession. *(Catechism, #1455–1456, 1467)*

Celebramos : 43

I Do Penance

On one side of the vase, draw or write about a wrong choice. On the other side, draw or write about something that will make things right with God's help.

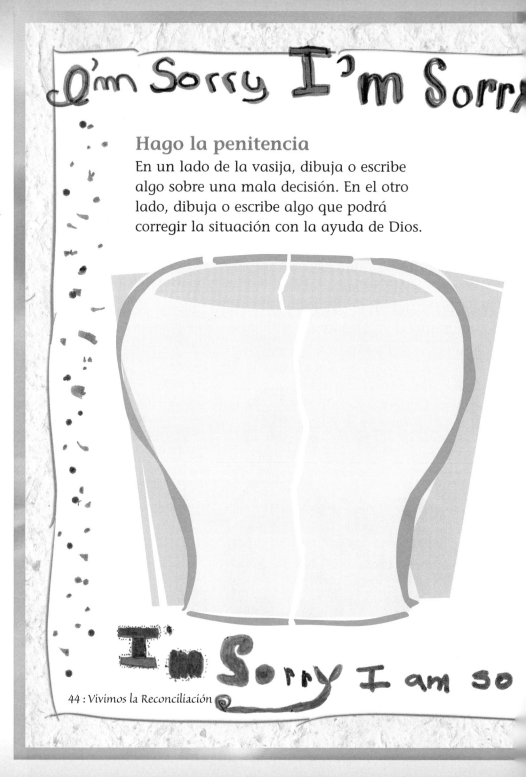

I'm Sorry I'm Sorry

Hago la penitencia

En un lado de la vasija, dibuja o escribe algo sobre una mala decisión. En el otro lado, dibuja o escribe algo que podrá corregir la situación con la ayuda de Dios.

I'm Sorry I am so

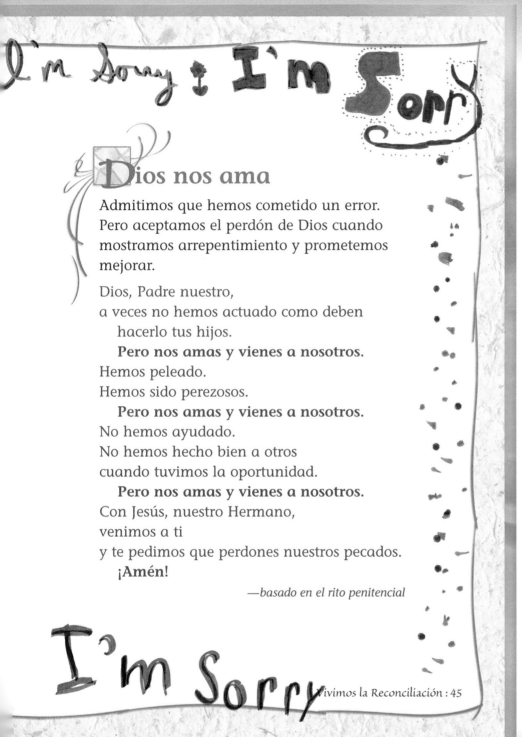

Dios nos ama

Admitimos que hemos cometido un error.
Pero aceptamos el perdón de Dios cuando
mostramos arrepentimiento y prometemos
mejorar.

Dios, Padre nuestro,
a veces no hemos actuado como deben
    hacerlo tus hijos.
    Pero nos amas y vienes a nosotros.
Hemos peleado.
Hemos sido perezosos.
    Pero nos amas y vienes a nosotros.
No hemos ayudado.
No hemos hecho bien a otros
cuando tuvimos la oportunidad.
    Pero nos amas y vienes a nosotros.
Con Jesús, nuestro Hermano,
venimos a ti
y te pedimos que perdones nuestros pecados.
    ¡Amén!

—*basado en el rito penitencial*

Vivimos la Reconciliación : 45

God Loves Us

We admit that we have
done wrong. But we accept
God's forgiveness when we
show sorrow and promise
to do better.

God our Father,
sometimes we have not
    behaved as your
    children should.
    **But you love us and
    come to us.**
We have quarreled.
We have been lazy.
    **But you love us and
    come to us.**
We have not been helpful.
We have not done good
    to others
when we had the chance.
    **But you love us and
    come to us.**
With Jesus our Brother
we come before you
and ask you to forgive
    our sins.
    Amen!

—*based on the Rite of Penance*

Chapter 6
We Go Forth in Pardon and Peace

Dear God—Father, Son, and Holy Spirit—you free us from sin when we are sorry. Help us grow in peace and love. Amen!

How do you show someone you are sorry?

You can use words. You can use gestures, like a hug or a handshake. Sometimes tears are a sign that you are sorry.

What do you want to happen when you say you are sorry?

Capítulo 6
Salimos perdonados y en paz

Amado Dios —Padre, Hijo y Espíritu Santo— nos libras del pecado cuando estamos arrepentidos. Ayúdanos a crecer en paz y amor. ¡Amén!

¿Cómo le demuestras a alguien que estás arrepentido?

Puedes usar palabras. Puedes usar gestos como un abrazo o un apretón de manos. Algunas veces las lágrimas son una señal de que estás arrepentido.

¿Qué deseas que suceda cuando dices que estás arrepentido?

En el sacramento de la Reconciliación demostramos arrepentimiento por los pecados rezando un **Acto de Contrición**. En la oración le decimos a Dios lo arrepentido que estamos de haber pecado y prometemos mejorar.

Cuando decimos que lo sentimos, queremos que se olviden nuestros errores y queremos la oportunidad de comenzar otra vez.

En el sacramento de la Reconciliación celebramos el perdón de Dios. En el nombre de Dios y la Iglesia, el sacerdote nos da la **absolución**. Comenzamos de nuevo con alegría.

In the Sacrament of Reconciliation, we show sorrow for sin by praying an **Act of Contrition**. In the prayer we tell God how sorry we are for having sinned. We promise to do better.

When we say we are sorry, we want our wrong choices to be forgiven. And we want the chance to start over.

In the Sacrament of Reconciliation, we celebrate God's forgiveness. In the name of God and the Church, the priest gives us **absolution**. We start fresh, with joy.

The Forgiven Woman

I knew everyone was looking at me. After all, I was known all over town as a terrible sinner. No one had invited me to this banquet at the house of Simon, a holy man.

But I had to see Jesus. I had to let him know that I wasn't a sinner anymore. I had been given the great gift of God's loving forgiveness.

I couldn't help it. As soon as I saw Jesus, I fell down before him. My tears washed the dust from his feet. My hair dried them. Then I poured sweet perfumed oil on his feet. The jar had cost me everything I had in the world, but it was worth it.

La mujer perdonada

Sabía que todos me miraban. Después de todo era conocida por todo el pueblo como una pecadora terrible. Nadie me había invitado a este banquete en la casa de Simón, un hombre sagrado.

Pero tenía que ver a Jesús. Tenía que hacerle saber que ya no era una pecadora. Me habían dado el gran don del perdón bondadoso de Dios.

No podía evitarlo. Tan pronto vi a Jesús me arrodillé ante Él. Mis lágrimas limpiaron el polvo de sus pies. Mi cabello los secó y luego derramé aceites perfumados sobre sus pies. La jarra me había costado todo lo que tenía en el mundo pero valía la pena.

48 · Recordamos

Yo se lo que estás pensando Simón —dijo Jesús a su conmovido anfitrión. ¿Cómo puedo permitir que este gran pecador esté cerca de mí? Pero por sus lágrimas y su amor me doy cuenta que ha sido perdonada.

Si, pero... —balbuceó Simón.

Piensa de esta manera —dijo Jesús. Qué sucedería si dos personas te deben dinero —una bastante y otra un poco. Le dices a las dos que no tienen que pagar. ¿Cuál estará más agradecida?

Simón comenzó a comprender. La persona que ha sido más perdonada estará más feliz —dijo Él.

Esta mujer ha hecho más por mí que tú —dijo Jesús. Así es como se cuánto la han perdonado.

Jesús me miró con benevolencia. Tus pecados son perdonados —dijo Él. Ahora ve en paz. Mientras caminaba por el corredor de Simón y todos me observaban, levanté mi cabeza y sentía que bailaba.

—*basado en el evangelio de San Lucas 7, 36–50*

Recordamos : 49

"I know what you're thinking, Simon," Jesus said to his shocked host. "How can I let this great sinner anywhere near me? But I can tell by her tears and her love that she has been forgiven."

"Yes, but . . ." Simon sputtered.

"Think of it this way," Jesus said. "What if two people owe you money— one a lot and one a little. You tell both of them they don't have to pay. Which one is going to be more grateful?"

Simon began to understand. "The person who has been forgiven more will be happier," he said.

"This woman has done more for me than you did," Jesus said. "That's how I know how much she has been forgiven."

Jesus looked at me with kindness. "Your sins are forgiven," he said. "Now go in peace." As I walked out of Simon's great hall with everyone's eyes on me, I held my head up. I felt like dancing.

—*based on Luke 7:36–50*

Contrition and Absolution

Contrition, or sorrow for sin, is necessary for accepting God's forgiveness. In the Sacrament of Reconciliation, we show contrition in the words of a prayer. There are many versions of the Act of Contrition, but each one says the same thing. We have sinned. We are sorry. We ask God's forgiveness. We promise to do better.

In a communal celebration of the sacrament, our prayer of contrition is followed by a **litany** spoken by the whole group. The Lord's Prayer always concludes the litany. In individual celebrations, the penitent prays an Act of Contrition after confessing and receiving a penance.

La contrición y la absolución

La contrición, o arrepentirse por haber pecado, es necesaria para aceptar el perdón de Dios. En el sacramento de la Reconciliación, mostramos la contrición en las palabras de una oración. Hay muchas versiones del Acto de Contrición, pero cada una dice lo mismo. Hemos pecado. Estamos arrepentidos. Pedimos el perdón de Dios. Prometemos mejorar.

En una celebración comunitaria del sacramento, después de la oración de contrición sigue una **letanía** que la dice todo el grupo. El Padrenuestro siempre concluye la letanía. En las celebraciones individuales, el penitente reza el Acto de Contrición después de confesarse y recibir una penitencia.

50 : Celebramos

El sacramento de la Reconciliación casi siempre incluye una absolución privada del penitente por el sacerdote. Sosteniendo la mano como un signo de la bendición del Espíritu Santo, el sacerdote reza: —Por el clero de la Iglesia, que Dios te **perdone** y te dé paz, y te absuelvo de tus pecados en el nombre del Padre, del Hijo y del Espíritu Santo. Nosotros contestamos: —Amén.

La celebración casi siempre termina con una canción de gozo o una oración de gracias a Dios. Al igual que la mujer que Dios perdonó, nosotros estamos rebosados de agradecimiento por el amor y la misericordia de Dios. Nos vamos en paz.

¿Qué logramos con el sacramento de la Reconciliación?

El sacramento de la Reconciliación nos ofrece exactamente lo que su nombre describe. A través de la confesión y absolución sacramentales, nos **reconciliamos**, es decir, nos unimos de nuevo con Dios. Esa reconciliación tiene otros efectos. Nos reconciliamos con nuestra propia conciencia y así sentimos paz interna. Nos reconciliamos con los demás, especialmente con aquéllos que hemos herido. Nos reconciliamos con la comunidad cristiana, fortaleciendo la Iglesia. Y nos reconciliamos con toda la creación de Dios.
(Catecismo, #1469)

Celebramos : 51

The Sacrament of Reconciliation almost always includes private absolution of the penitent by the priest. Holding out his hand as a sign of the Holy Spirit's blessing, the priest prays, "Through the ministry of the Church, may God give you **pardon** and peace, and I absolve you from your sins in the name of the Father, and of the Son, and of the Holy Spirit." We answer, "Amen."

Our celebration almost always ends with a joyful song or prayer of thanks to God. Like the woman whom Jesus forgave, we are overflowing with gratitude for God's love and mercy. We go forth in peace.

We Ask

What does the Sacrament of Reconciliation do for us?

The Sacrament of Reconciliation does exactly what its name describes. Through sacramental confession and absolution, we are **reconciled**, or brought back together, with God. That reconciliation has other effects. We are reconciled with our own conscience, allowing us to feel inner peace. We are reconciled with others, especially those whom we have hurt. We are reconciled with the Christian community, making the whole Church stronger. And we are reconciled with all God's creation.
(Catechism, #1469)

I Promise
to Do Better

On the lines, write your own Act of Contrition. Then decorate the frame with joyful colors.

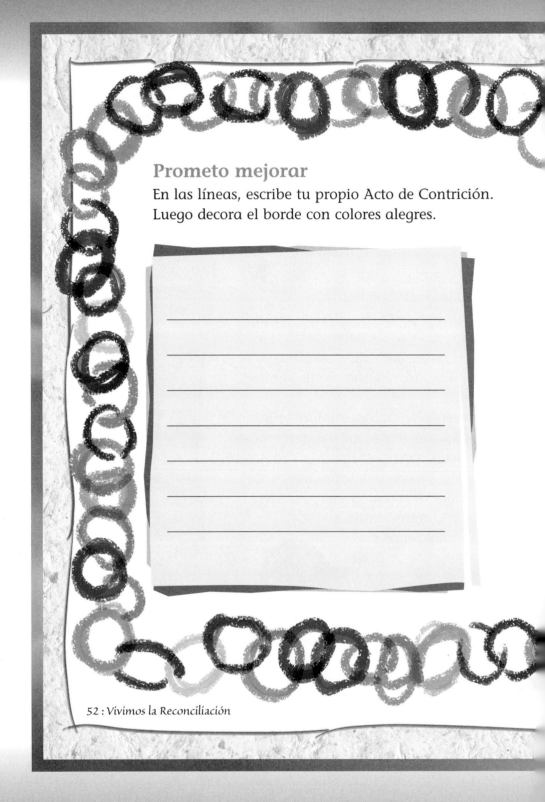

Prometo mejorar

En las líneas, escribe tu propio Acto de Contrición. Luego decora el borde con colores alegres.

52 : *Vivimos la Reconciliación*

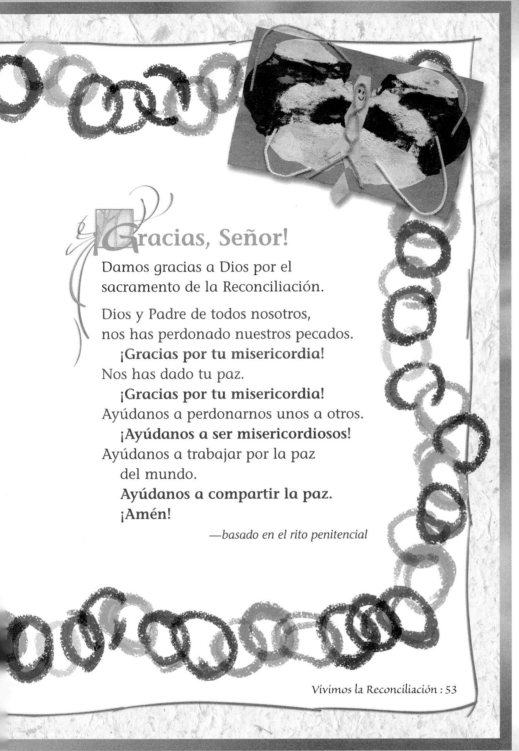

¡Gracias, Señor!

Damos gracias a Dios por el sacramento de la Reconciliación.

Dios y Padre de todos nosotros,
nos has perdonado nuestros pecados.
¡Gracias por tu misericordia!
Nos has dado tu paz.
¡Gracias por tu misericordia!
Ayúdanos a perdonarnos unos a otros.
¡Ayúdanos a ser misericordiosos!
Ayúdanos a trabajar por la paz
del mundo.
**Ayúdanos a compartir la paz.
¡Amén!**

—*basado en el rito penitencial*

Vivimos la Reconciliación : 53

Thank You, God!

We thank God for the Sacrament of Reconciliation.

God and Father of us all,
you have forgiven our sins.
**Thank you for
your mercy!**
You have given us your
peace.
**Thank you for
your peace!**
Help us forgive one
another.
Help us show mercy.
Help us work together for
peace in the world.
**Help us share peace.
Amen!**

—*based on the Rite of Penance*

Oraciones católicas

La Señal de la Cruz

En el nombre del Padre,
del Hijo
y del Espíritu Santo.
Amén.

El Padrenuestro

Padre nuestro, que estás en el cielo,
santificado sea tu nombre;
venga a nosotros tu reino;
hágase tu voluntad en la tierra como en el cielo.
Danos hoy nuestro pan de cada día
y perdona nuestras ofensas
como nosotros perdonamos a los que nos ofenden.
No nos dejes caer en tentación
y líbranos del mal.
Amén.

El Avemaría

Dios te salve, María, llena eres de gracia;
el Señor está contigo.
Bendita tú eres entre todas las mujeres
y bendito es el fruto de tu vientre, Jesús.
Santa María, Madre de Dios,
ruega por nosotros, pecadores,
ahora y en la hora de nuestra muerte.
Amén.

El Gloria (Doxología)

Gloria al Padre,
y al Hijo,
y al Espíritu Santo,
como era en un principio,
ahora y siempre,
por los siglos de los siglos.
Amén.

Yo confieso

Yo confieso ante Dios todopoderoso
y ante ustedes hermanos,
que he pecado mucho de pensamiento,
palabra, obra y omisión.
Por mi culpa, por mi culpa,
por mi gran culpa.
Por eso ruego a Santa María, siempre Virgen,
a los ángeles, a los santos, y a ustedes hermanos,
que intercedan por mí
ante Dios, nuestro Señor.

Acto de contrición

Dios mío,
con todo mi corazón me arrepiento de todo el mal
que he hecho y de todo lo bueno que he dejado de hacer.
Al pecar, te he ofendido a Ti, que eres el Supremo Bien
y digno de ser amado sobre todas las cosas.
Propongo firmemente, con la ayuda de tu gracia,
hacer penitencia, no volver a pecar y huir
de las ocasiones de pecado.
Señor, por los méritos de la pasión de nuestro Salvador
Jesucristo, apiádate de mí.

La oración de Jesús

Señor Jesús, Hijo de Dios,
ten misericordia de mí, un pecador.
Amén.

Nuestra guía moral

El Mandamiento Nuevo del Señor

"Amarás al Señor, tu Dios, con todo tu corazón,
con toda tu alma, con toda tu fuerza, y con
   toda tu mente;
y a tu prójimo como a ti mismo."

—San Lucas 10, 27

Las Bienaventuranzas

"Bienaventurados los pobres de espíritu,
   porque de ellos es el reino de los cielos.
Bienaventurados los que lloran,
   porque ellos serán consolados.
Bienaventurados los mansos,
   porque ellos poseerán en herencia la tierra.
Bienaventurados los que tienen hambre y sed de justicia,
   porque ellos serán saciados.
Bienaventurados los misericordiosos,
   porque ellos alcanzarán misericordia.
Bienaventurados los limpios de corazón,
   porque ellos verán a Dios.
Bienaventurados los que buscan la paz,
   porque ellos serán llamados hijos de Dios.
Bienaventurados los perseguidos por causa de la justicia,
   porque de ellos es el reino de los cielos."

—San Mateo 5, 3–10

Los Diez Mandamientos

1. **Yo soy el Señor, tu Dios. No tendrás a dioses ajenos delante de mí.**
   Pon a Dios ante todas las cosas en tu vida.

2. **No tomarás el nombre de Dios en vano.**
   Respeta el nombre de Dios y las cosas sagradas. No uses palabras malas.

3. **Acuérdate de santificar el día del Señor.**
   Participa en la misa los domingos y días sagrados. En estos días, no trabajes sin necesidad.

4. **Honra a tu padre y a tu madre.**
   Obedece y muestra respeto a tus padres y a otras personas que son responsables de ti.

5. **No matarás.**
   No lastimes ni a ti mismo ni a otros. Cuida todas las formas de vida.

6. **No cometerás adulterio.**
   Respeta el matrimonio y la vida de familia. Respeta tu cuerpo y los cuerpos de los demás.

7. **No robarás.**
   Respeta la creación y las cosas que pertenecen a otras personas. No hagas trampas.

8. **No dirás falso testimonio contra tu prójimo.**
   Di la verdad. No seas chismoso.

9. **No codiciarás la mujer de tu prójimo.**
   Sé fiel a tus parientes y amigos. No seas celoso.

10. **No codiciarás los bienes de tu prójimo.**
    Comparte lo que tienes. No seas envidioso de las posesiones de otros. No seas codicioso.

Preceptos de la Iglesia

1. Participa en la misa los domingos y los días sagrados. Considera como sagrados estos días y evita el trabajo no necesario.
2. Celebra el sacramento de la Reconciliación por lo menos una vez al año si tienes pecados graves.
3. Recibe la sagrada Comunión por lo menos una vez al año durante la Pascua.
4. Ayuna y guarda abstinencia en los días de penitencia.
5. Ofrece tu tiempo, tus habilidades y tu dinero para apoyar a la Iglesia.

Las obras de misericordia

Corporales (para el cuerpo)

Da de comer a los hambrientos.

Da de beber a los sedientos.

Viste a los desnudos.

Da posada al peregrino.

Visita a los enfermos.

Visita a los encarcelados.

Entierra a los muertos.

Espiritual (para el espíritu)

Advierte al pecador.

Enseña al ignorante.

Aconseja a los que dudan.

Consuela a los tristes.

Soporta las injusticias con paciencia.

Perdona las injurias.

Ora por los vivos y los muertos.

Examen de conciencia

1. Examina tu vida. Compara tus acciones y decisiones con las Bienaventuranzas, los Diez Mandamientos, el Mandamiento Nuevo del Señor y los preceptos de la Iglesia.

2. Pregúntate:
   - ¿En cuáles ocasiones no he hecho lo que Dios quiere que haga?
   - ¿A quién he lastimado?
   - ¿Qué he hecho que sabía que era incorrecto?
   - ¿Qué no he hecho que debía haber hecho?
   - ¿Hay pecados graves que no mencioné en mi última confesión?
   - ¿He hecho penitencia? ¿He hecho todo lo posible para remediar los pecados del pasado?
   - ¿He cambiado mis malos hábitos?
   - ¿Estoy sinceramente arrepentido de mis pecados?

3. Además de confesar tus pecados, quizás desees hablar con el sacerdote sobre una o más de las preguntas anteriores.

4. Reza por la ayuda del Espíritu Santo para que puedas cambiar y comenzar de nuevo.

Celebrar el sacramento de la Reconciliación

El Rito comunitario de la Reconciliación

- Antes de celebrar el sacramento de la Reconciliación, toma tiempo para examinar tu conciencia. Pide la ayuda del Espíritu Santo.

1. **Ritos iniciales**

   Canta con los demás el primer himno. El sacerdote saludará a los congregantes y pronunciará la primera oración.

2. **Lectura de las Sagradas Escrituras**

   Escucha la palabra de Dios. Puede haber más de una lectura, con un himno o un salmo en medio. La última lectura se sacará de uno de los Evangelios.

3. **Homilía**

   Escucha mientras el sacerdote te ayuda a comprender el significado de las Escrituras.

4. **Examen de conciencia con la Letanía de contrición y el Padrenuestro**

   Después de la homilía habrá un período de silencio. El sacerdote puede conducir a los concurrentes en un examen de conciencia, seguido de la oración de confesión y la letanía o canción. Luego todos dirán el Padrenuestro juntos.

5. **Confesión individual, dar la penitencia y la absolución**

   Mientras esperas tu turno para hablar con el sacerdote, puedes orar silenciosamente o cantar con los otros. Cuando te toca a ti, confiesa tus pecados al sacerdote. Hablará contigo sobre cómo puedes portarte mejor y te dará una penitencia. Después, el sacerdote dirá la oración de absolución.

6. **Ritos de despedida**

   Después de que todos se hayan confesado individualmente, canta una canción o di una oración o letanía dando gracias. El sacerdote pronunciará la última oración y bendecirá a los congregantes. Luego el sacerdote o el diácono despedirá la congregación.

- Después de celebrar el sacramento, haz tu penitencia tan pronto como sea posible.

El Rito individual de la Reconciliación

- Antes de celebrar el sacramento de la Reconciliación, toma tiempo para examinar tu conciencia. Pide la ayuda del Espíritu Santo.
- Espera tu turno para entrar en el salón de la Reconciliación.
- Puedes estar cara a cara con el sacerdote o separado del sacerdote por un tabique.

1. **Bienvenida**

   El sacerdote te saludará y te invitará a orar la Señal de la Cruz.

2. **Lectura de las Sagradas Escrituras**

   El sacerdote puede leer o recitar un pasaje de la Biblia. El sacerdote puede invitarte a leer de las Escrituras.

3. **Confesión de los pecados y la penitencia**

   Di tus pecados al sacerdote. El sacerdote hablará contigo sobre cómo puedes mejorar. Luego el sacerdote te dará una penitencia.

4. **Acto de Contrición**

   Di un Acto de Contrición.

5. **Absolución**

   El sacerdote pondrá su mano sobre tu cabeza y dirá la oración de absolución. Al mismo tiempo que dice las últimas palabras, hará la Señal de la Cruz.

6. **Oración final**

   El sacerdote orará: "Den gracias al Señor porque es bueno." Tú contestarás: "Su misericordia es eterna." Luego el sacerdote te despedirá.

- Después de celebrar el sacramento, lleva a cabo tu penitencia tan pronto como sea posible.

Glosario ilustrado

absolución

Perdón que recibimos de Dios a través de la Iglesia en el sacramento de la Reconciliación. La palabra *absolver* quiere decir "quitar con agua".

celebración comunitaria

Una manera de celebrar el sacramento de la Reconciliación. En una celebración comunitaria, los congregantes se reúnen para orar y oír la palabra de Dios. Luego cada penitente se confiesa, recibe una penitencia y es absuelto en privado.

celebración individual

Una manera de celebrar el sacramento de la Reconciliación. En una celebración individual, el penitente se reúne con el sacerdote en privado. El penitente se confiesa, recibe una penitencia y es absuelto en privado.

confesión

Decir nuestros pecados a un sacerdote en el sacramento de la Reconciliación. Lo que confesamos al sacerdote es privado.

contrición

El arrepentimiento de los pecados y un deseo de mejorar. La contrición es nuestro primer paso hacia el perdón. Como parte del sacramento de la Reconciliación, rezamos un **Acto**, u oración, de **contrición**.

Escrituras

La palabra de Dios contenida en la Biblia. La palabra *escrituras* quiere decir "escrituras sagradas". Las escrituras se usan para pensar en el amor y el perdón de Dios en el sacramento de la Reconciliación. Un **lector** proclama las escrituras en la misa o en otras celebraciones litúrgicas.

examen de conciencia

Una manera devota de pensar sobre nuestras vidas y compararlas con los Diez Mandamientos, las Bienaventuranzas, la vida de Jesús y las enseñanzas de la Iglesia.

pecado

La decisión de desobedecer a Dios. El pecado puede ser grave (**mortal**) o menos grave (**venial**). Decidimos pecar deliberadamente. No es un error o un accidente. Aceptamos el perdón cariñoso de nuestros pecados cuando mostramos, por nuestro arrepentimiento, que queremos mejorar.

penitencia

Oraciones y acciones hechas para remediar el daño causado por nuestros pecados. En el sacramento de la Reconciliación, el sacerdote nos da una penitencia para hacer. La celebración del sacramento de la Reconciliación se llama el rito penitencial.

penitente

La persona que confiesa sus pecados al sacerdote en el sacramento de la Reconciliación.

sacerdote

Un hombre ordenado para servir a Dios y a la Iglesia celebrando los sacramentos, predicando y llevando a cabo la misa. El sacerdote es el **confesor**, o ministro del sacramento de la Reconciliación. Para el sacramento de la Reconciliación, el sacerdote lleva una estola. La **estola** es la señal de la obediencia del sacerdote hacia Dios y de su autoridad sacerdotal.

salón para la Reconciliación

Una habitación o capilla en la cual el confesor oye la confesión de pecados del penitente. Normalmente el salón contiene sillas, un sitio para arrodillarse, una mesa para la Biblia y una vela, y una pantalla que se puede mover y usar como tabique entre el sacerdote y el penitente.